Traduit par Missy Debs, Masako Irie et Isabelle Reinharez

Titre original : ねずみのでんしゃ (Child Honsha, Tokyo)
Droits internationaux : Japan Foreign-Rights Centre
Loi numéro 49 956 du 16 juillet 1949 sur les publications
destinées à la jeunesse : mars 1983
Dépôt légal : septembre 2013
Imprimé en France par Pollina à Luçon - L2015
ISBN 978-2-211-01121-1

Le train des souris

Une histoire de Haruo Yamashita
illustrée par Kazuo Iwamura

l'école des loisirs
11, rue de Sèvres, Paris 6e

Le printemps était arrivé dans la forêt
et Maman Souris était terriblement occupée.
Demain, ses sept enfants iraient pour la première fois
à l'école.

OPEN THIS
STELCAP ON

Sept chapeaux fabriqués avec des capsules de bouteilles.
Sept musettes en peau de chenille.
Sept paires de souliers en coquilles de noix.
Maman avait tout fait elle-même.

«Demain vous irez à l'école.
Alors ce soir on se couche tôt»,
dit Maman à ses petits.

Mais les sept petits répondirent :
« Je ne veux pas aller à l'école parce que c'est trop loin. »
« Je ne veux pas y aller parce que j'ai sommeil le matin. »
« Je ne veux pas y aller parce que le vent est froid dehors. »
« Je ne veux pas y aller parce que je ne connais pas les autres enfants. »

«Je ne veux pas y aller parce qu'il y a des brutes là-bas.»
«Je ne veux pas y aller parce qu'il y a des serpents sur le chemin.»
«Je ne veux pas y aller parce que je ne veux pas.»

Maman était très ennuyée.
Comment emmènerait-elle
sept enfants aussi têtus à l'école ?

Maman réfléchit. Et puis elle prit
deux pelotes de fil à tricoter bleu
et les déroula à travers toute la forêt
jusqu'à l'école.

Le lendemain matin, Maman dit aux enfants :
« Mettez tous vos chapeaux et vos chaussures.
C'est l'heure d'aller à l'école. »
Mais les sept petits continuèrent à jouer,
sans faire attention à elle.

« Bon, alors je vais y aller
toute seule », déclara Maman,
et elle sortit.
Debout sur les rails du chemin
de fer en fil bleu, elle s'écria :
« En voiture ! Le train
pour l'école s'en va ! »

OPEN
3

Les sept petites souris furent très surprises
et elles se précipitèrent dehors.
« Un train ! Un train ! Hé ! Attendez-moi ! »
Et elles coururent se mettre en ligne sur la voie,
en se tenant par la queue.

PATENT
PEN THIS WAY
S WAY

Tchou-tchou, hop-hop,
voici le petit train des souris.
Tchou-tchou, hop-hop.
Et en chantant, elles se mirent à courir.

Au même moment,
dans un autre coin de la forêt,
un serpent trouva les rails de fil.
« Quelle route intéressante.
Je me demande où elle va. »

Tchou-tchou, hop-hop.
Voici le petit train des souris.
Vite vite. Tchou-tchou.
Le train des souris
entra dans un tunnel noir.

Au secours ! Un serpent ! Un serpent dans le tunnel !
Maman freina à mort.
Les sept petites souris freinèrent à mort.

Les uns après les autres, les souriceaux sur le chemin de l'école avaient rejoint le petit train des souris. Tous ensemble, ils formaient un long, long train, dix fois ou cent fois plus long que le serpent.

Et le serpent freina à mort aussi,
car devant lui il vit une souris
derrière une autre souris
derrière une autre souris...
une incroyable foule de souris !

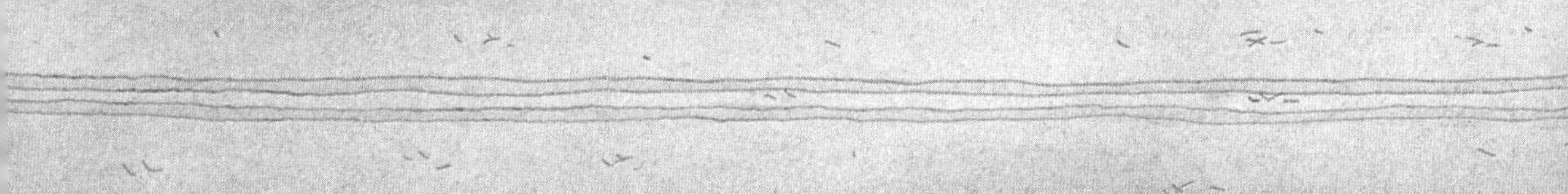

« Au secours ! » hurla le serpent.
« Un serpent horriblement long arrive ! »
Et le serpent eut si peur qu'il fit demi-tour et s'enfuit en rampant dans un autre coin de la forêt.

Maintenant les souris prennent
le train des souris tous les jours
pour aller à l'école.